生長の家ヒューマン・ドキュメント選

逆境は越えられる

★

日本教文社編

日本教文社

逆境は越えられる　目次

装幀　松下晴美

編者はしがき

この「生長の家ヒューマン・ドキュメント選」シリーズは、生長の家の信仰を持つことによって、人生を好転させた顕著な体験をした方々を紹介する小社刊行の月刊誌『光の泉』の「ヒューマン・ドキュメント」をテーマ別に精選編纂したものです。

本書は、特に難病・事故・身体障害・多額の債務などの厳しい逆境の中にあって生長の家の信仰を深め、その困難を見事に克服して、明るい人生を開いて行かれた方々のドキュメントを紹介しています。本書中の年齢・職業・役職等は同誌に掲載された当時のもので、記事の初出年月はそれぞれの末尾に明記してあります。本書が、たとえどんな困難に遭っても人生を前進する勇気と希望を与える書となることを願って止みません。

日本教文社第二編集部

「自分が変われば全てが変わる」
多額の債務を乗り越えて……

青森県　元銀行員　山本良造《やまもとりょうぞう》さん（66歳）

地方銀行を退職後、山本さんは会社役員となったが、不況の折、多額の債務《さいむ》を背負って苦境に陥《おちい》る。そんなとき、実弟から電話が掛かってきた。「どんな問題でも解決できる道場があるそうだ」と……。

〈人間・神の子、やればできる。自己責任で自分の運命を開拓するほかに道はない。自分が変わらなければ環境も病状も変わらない。誰《だれ》も身代わりになってはくれないのだ〉断崖絶壁《だんがいぜっぺき》の前に立たされた心境ではじめて生長《せいちょう》の家練成会《いえれんせいかい》*に参加した山本良造さんは手記にそう書いた。

四十二年間勤めた地方銀行を平成七年に退職し、その後、リゾートホテルや運送会社の役員を歴任した。だが、企業倒産、消費低迷という不況の波にもまれ、ある会社の保証人となっていたため多額の負債《ふさい》を抱え込んでしまった……。

そんな平成九年十一月、秋田県に住む実弟の對島誠治《つしませいじ》さん（64歳・元小学校校長）から、夜更《よふ》けに電話がかかってきた。

「兄さん、東京の飛田給《とびたきゅう》＊という所で練成会というのをやっているそうだ。どんな問題でも解決できる所だと聞いている。一度、気分転換のつもりで行ってみないか」

誠治さんは、座禅仲間で弘前《ひろさき》市に近い黒石《くろいし》市に住んでいる祖父尼賢一《そふにけんいち》さん（65歳、書店経営）から、生長の家練成道場の噂《うわさ》を聞いていた。

祖父尼さんは、生長の家栄える会の講演会に＊何度か参加し、会場で「飛田給の練成会は素晴らしい」との話をたびたび耳にしていたのだ。

誠治さんから相談を受けた祖父尼さんは、山本さんから事情を聞いて「複雑な人間関係がからみ、お金だけでは解決できない。心を変えて取り組まねば打開の道はない」と思った。「兄は死ねば保険金が入るとまで、一年以上も悩んでいたようです」と誠治さんは顔をしかめた。

東北で最も古いプロテスタント系の弘前教会で。奥さんの礼さんと

度重なる弟の説得に心動かされ、「自分を見直してみよう」という気持ちになり、東京・調布市飛田給にある生長の家本部練成道場*へと旅立ったのは、平成十年一月末だった。

神を求めてクリスチャンに

青森県弘前市に生まれた山本さんは、二男二女の四人きょうだいの長男。ミッション・スクールの東奥義塾《とうおうぎじゅく》中学・高校へ進み、バッハの宗教音楽に夢中になり、十七歳のときに洗礼をうけてクリスチャンになった。そして教会のオルガン奏者と伝道師の資格をとり、二十代の頃はキリスト教の布教活動を熱心に行なった。

「練成会に行く前に、生長の家のことを少し調べておこう」

そう思った山本さんは、文化庁発行の『宗教年鑑』を参照した。また、宗教学者の書いた『谷口雅春《たにぐちまさはる》とその時代』*（小野泰博著、東京堂出版刊）という本を書店で買い求めた。元銀行マンらしい用意周到さである。

「なるほど、生長の家には〈神想観《しんそうかん》〉という独得の瞑想法《めいそう》があるようだ。これを学んでみよう」

そして、十日間の一般練成会に参加した。道場の生活は、毎朝五時からの早朝行事にはじまり、講話や体験談を聞き、浄心行《じょうしんぎょう》*や先祖供養などの行事もある。

「神想観の実修では、深い感動を受けました。瞑想を終え、『神はすべてのすべて、神は完《また》き生命《いのち》、神は完《また》き叡智《みちえ》……*』という聖歌斉唱のとき、私の耳には荘厳なパイプオルガンの調べと、ベートーベンのコラール（合唱）が鳴り響き、神の御胸《みむね》に抱《いだ》かれている至福を味わいました」

行事の合間には、道場の図書室にこもり、生長の家の本を読みあさった。講師にも質問を連発した。

「四日目に、父母の背中をタオルで洗う気持ちで『お父さん、ありがとうございます』『お母さん、ありがとうございます』と唱《とな》えながら畳を拭《ふ》く行《ぎょう》がありました。今は亡き父母に不孝の数々をお詫《わ》びし、畳表《たたみおもて》を父母の背中と思ってやさしくなでていると、涙が湧《わ》きでて止まりませんでした。ありし日の両親の慈愛に満ちた目差《まなざ》しと笑顔がまぶたに浮かび、ただただ感涙《かんるい》にむせび泣きました」

離れていても、兄弟同時に感動

生長の家のお経『甘露《かんろ》の法雨《ほうう》』を何度も読誦《どくじゅ》するうちに、〈汝《なんじ》ら天地《てんち》一切のものと和解せよ〉というコトバが魂に響いてきた。巻頭に記された「大調和の神示《しんじ》」*を読むと、文語体で書かれた『新約聖書』の「ヨハネ黙示録《もくしろく》」の荘厳な文体を連想した。

また、聖典の『生命《せいめい》の實相《じっそう》』*の講義では、『聖書』の深遠なコトバの意味が分かり易《やす》く、科学的合理的に説かれていると思って感心した。

一日一日が充実し、日を追うごとに周囲の人やものに対しての感謝の気持ちが深くなった。そして、「すべての正しい宗教の根本はひとつ」という実感をひしひしと味わった。若き日に味わったような新鮮な信仰心がよみがえってきたのだった。

「一日一日を大事にして、この教えを求道していこう。全知全能なる神よ。わが心の迷いを外し、実相の世界へ導き給え」と心底から祈った。

同じ時期に、大曲《おおまがり》市の弟・誠治さんも「兄を送り出した責任上、自分も生長の家のことを知らなければ」と思い、知人から『生命の實相』を借りて読みふけっていた。

「読み進むうちに夢中になり、一晩で借りてきた二冊を読破してしまいました。私らが四十年も座禅を組んでも分からなかった、禅の真髄がそこに説かれていることに驚き、うれし涙で眼鏡が曇りました（笑）」

練成会から帰宅した山本さんは、毎朝三時半に起床して仏壇の前に座り、神想観と『甘露の法雨』読誦を熱心に行なうようになった。

〈環境は心の影、自分が変わればすべてが変わる。天地一切のものと和解しよう、和解とは感謝することだ〉

練成会で学んだことを心に反芻《はんすう》し、「問題解決のカギは、〝感謝〟にある。すべての人やモノや事に、徹底的に感謝しよう」と決意し、実行した。

地元の青森県教化部*で開催されるすべての行事に参加して、もっと教えを学ぼうと思い、弘前から青森市内まで足繁く通い続けた。

奥さんの礼《れい》さん（64歳）や、嫁いだ二人の娘さんも、半年後に練成会に参加してくれた。

すっかり明るくなった山本さんは、感謝と讃嘆《さんたん》のコトバで周囲の人々に接するようになった。すると債務《さいむ》問題でも、援助してくれる人が現れ、和議の話し合いも開かれた。自宅の土地を半分手放すことで、一年後にはすべての負債を清算することができた。

感謝の企業訪問

平成十年夏、「生長の家弘前道場が二十周年を迎えるそうだ。これを記念して、毎朝神想観の集いを開こう」と山本さんは周囲の人々に呼びかけた。

その後、練成会の存在を教えてくれた弟の友人の祖父尼さんと話し合って、「秀峰相《しゅうほうそう》愛会《あいかい》＊」を設立。弘前道場で毎月二回、誌友会《しゅうかい》＊と『生命の實相』の勉強会を開催した。

「秀峰」とは、青森県のシンボル・岩木山《いわきさん》のこと。雄大な山を仰ぎ、男の心意気をしめした命名だ。祖父尼さんは、地元の商工会議所常議員を務めており、顔が広い。スタートは二人だけだったが、意気揚々《いきようよう》とメンバー集めに奔走した。

過去に縁があった会社の経営者などを訪ね回って、大勢の人に声をかけた。平成十一年六月に開催された生長の家講習会＊では、秀峰相愛会が五十九名を集め、そのうち初参加者が五十六名。さらに平成十二年六月の講習会では、七百七十三社を訪問し、二百六十四名（初参加二百十四名）の参加と、四・五倍の人数に膨《ふく》れ上がった。

「人を愛し、仕事を愛する素晴らしい社長さんたちが沢山《たくさん》いて、みなさん会社と社員を守るため、必死で頑張っておられますね。ほとんどの企業は現役時代にお世話になった方々で、十年、二十年ぶりの再会もありました。感謝の気持ちで、懐《なつ》かしく訪問をしたんです」

「われ神と偕《とも》なるがゆえに、万事好都合《ばんじこうつごう》」というコトバが、いつも山本さんの脳裏に響いていた。債務問題を乗り越えたことで自信と勇気がわき、「これからは第三の人生。人々のお役に立つ生き方をしよう」と精力的に行動する。

弘前道場の向かいで、工務店を経営する高谷勇市《たかやゆういち》さん（55歳）は語る。

「昨年、山本さんが来社されて色々話をうかがいました。そのお誘いで講習会に社員を連れて初めて参加。二十年来、近くにいても生長の家の方から誘われたことがなかった（笑）。山本さんが道場に来るようになって、駐車場の車の台数が急増して、賑《にぎ》やかになりましたね」

「山本さんの顔つきが随分柔和《ずいぶんにゅうわ》になりましたよ。銀行時代は険しい表情をしてましたからね」と話すのは、大鰐《おおわに》温泉でタクシー会社を経営する船越規孝《ふなこしのりたか》さん（46歳）。

「私は二十代で二代目社長になったので、周囲に感謝したことがなかった。不信感が強くてイライラしていたんですが、感謝することで人間関係が良くなると教えてもらいました。今では社員にも、お客様への感謝とサービスが大事だと発破《はっぱ》をかけています（笑）。この教えを町おこしの原動力にしたいですね」

クリスチャンだった山本さんと、禅を学んだ祖父尼さんは、よきパートナーだ。「私は商店街の苦情の聞き役なんです（笑）。こんな時代だから、物事の明るい面をみる教えが必要。壁にぶつかることで進歩もある。勉強し、各自がレベルアップするときです」と熱い思いを吐露《とろ》する。

山本さんは、ビジネスの経験を生かして、相愛会の運営と拡大に邁進《まいしん》したいと抱負を語る。

「働き盛りで忙しい人ほど、心の指針が必要だと思いますよ。〈人間は神の子、やればできる〉と私自身体験し、その素晴らしさを人々にお伝えしたい。この教えを広めることは、やりがいのある壮大な〝事業〟だと思っています」

（平成十二年十二月号　取材／亀崎昌義　撮影／田中誠一）

＊練成会＝合宿形式で生長の家の教えを学び、実践するつどい。全国各地で毎月行われている。お問い合わせ先は、巻末の「生長の家練成会案内」「生長の家教化部一覧」を参照。

＊飛田給＝東京都調布市飛田給にある生長の家本部練成道場。巻末の「生長の家練成会案内」を参照。

＊生長の家栄える会＝生長の家の経済人の集まり。お問い合わせは「生長の家栄える会中央部」へ。（〒一五〇―八六七二　東京都渋谷区神宮前一―二三―三〇　電話〇三―五四七四―六〇九〇　FAX〇三―五四七四―六〇三九）

＊生長の家本部練成道場＝巻末の「生長の家練成会案内」を参照。

＊谷口雅春＝生長の家創始者。昭和六十年に満九十一歳にて昇天。

＊浄心行＝過去の悪想念、悪感情などを紙に書き、『甘露の法雨』を誦げる中、浄火で燃やし心を浄化する行事。

＊「神はすべてのすべて……」＝谷口雅春作詞「実相を観ずる歌」の冒頭。『新版　生長の家聖歌歌詞』（日本教文社刊）参照。

＊「大調和の神示」＝谷口雅春先生が昭和六年に霊感を得て書かれた言葉で、この神示の全文は『甘露の法雨』『生命の實相』（第1巻）『新編　聖光録』『御守護　神示集』（いずれも日本教文社刊）等に収録されている。

＊『生命の實相』＝谷口雅春著、全四十巻、日本教文社刊。

＊教化部＝生長の家の地方における布教、伝道の拠点。巻末の「生長の家教化部一覧」を参照。

＊相愛会＝生長の家の男性のための組織。全国津々浦々で集会が持たれている。

＊誌友会＝生長の家の聖典や月刊誌をテキストに教えを学ぶ信徒のつどい。

＊講習会＝生長の家総裁、副総裁が直接指導する生長の家の講習会。現在は、谷口雅宣副総裁が直接指導に当たっている。

人の役に立つことが
腎臓を与えてくれた父への恩返し

奈良県　会社員　武中泰宏《たけなかやすひろ》さん（33歳）

人生の道のりは、歩きやすい平坦《へいたん》な所ばかりとは限らない。杖《つえ》に頼らなければ進めない、辛《つら》い坂もある。親の愛という〝杖〟に支えられ、五年間の闘病生活を乗り越えたとき、これからは自分が周《まわ》りの人の杖になろう、と決意した。

就職したのは平成十年、大学を卒業してから十年目の春だった。遅いスタートにもめげず、「人生これから」と夢ふくらませる三十三歳である。

先日もテレビのニュースで失業率の上昇が取り上げられていたが、就職難のこの時代に、地元の金融機関にすんなり決まったのには、誰《だれ》よりも本人が一番驚いた。入社して一年余り、〝初心者マーク〟がはずれても、毎朝背広に腕を通すたび、期待と緊張で胸が高鳴る。

「決算時期など、残業で毎晩遅い帰宅が続くときは、家族が〝お疲れさま〟と労《ねぎら》いの言葉をかけてくれたのですが、本当はちっとも疲れていなかったんです」

働けることが嬉《うれ》しくて、長いブランクも〝年下の先輩〟も気にならない。病気と闘《たたか》った日々も、遠い思い出となりつつある。

週三回の人工透析

高校時代は「大学に受かったら、思いきり遊ぶぞ」と思って奮起《ふんき》する、ごく普通の生徒だった。教師になるつもりで、大阪教育大学を受験。合格すると、大学の仲間と時にハメを外しては、これからの四年間に心躍《おど》らせた。旅行もしたい、本ももっと読みたい、アルバイトもしたい、時間はたっぷりある……。

昭和六十一年四月、二年生になる前の春休みだった。友人と車で県外に旅行に出かけ、帰ってきて二日後のこと。体がだるく、旅の疲れが出たのかと鏡を見ると、顔がパンパンに腫《は》れて、別人のようだった。病院へ行くと、入院が必要だと言われた。「もうすぐ学校が始まるのに、入院なんてとんでもない」と、医師の指示に従わず、放っておいたら、ますますひどくなってきた。

大学が始まると、友人たちに「どうしたんだ、その顔は」と言われ、もう一度病院へ行った。医師の様子から、今度はただ事ではないと思った。腎臓《じんぞう》が機能していないため、今後は定期的に機械で血液を濾過《ろか》し、毒素を取り去らねばならないという。

「腎不全」「週三回の人工透析」

医師の言葉をポカンとしながら聞いた。

「一回の透析が五時間近くかかるんです。その間、〝どうして、自分ばっかり、こんな目に遭《あ》ったのか〟と、そんなことばかり考えていました。ヤケを起こして、母に当り散らしたこともあります」

母親の民恵《たみえ》さんによると、透析が始まってまもなく、「大学をやめる」と言い出したそうだ。いくらなだめても、「大学へ電話しろ」と言って聞かず、民恵さんが休学の申請について問い合わせると、前日に受付は締切られていた。民恵さんから事情を聞いたクラスの担任は、以前にも透析をしながら卒業した学生がいたことを話し、「もっと気

「病気になったおかげで、生かされている喜びを知りました」と武中さん

長に考えてみてはどうですか」と言った。

しかし、入退院を繰り返し、透析を続けながらの通学は、並《な》み大抵《たいてい》のことではなかった。出席日数はギリギリ、試験前は友人にノートを借りて一夜漬《づ》け、試験と入院が重なると、病院から大学へ通った。

こんな調子だから、成績のほうは推《お》して知るべし。本人に替わって成績表を受け取りに行った民恵さんは、「季節はずれの虫が、ブンブン飛んでるわ」と笑った。渡された成績表を開いてみると、なるほど、ずらりと「可《か》」が並んでいた。

「私がこんな状態になっても、母はオロオロしたり、メソメソしたりせず、いつもと変わらず、デンと構えてくれていました。それで、ずいぶん助けられたんです」

死んだほうがマシ

民恵さんは、若い頃会社勤めをしていたときに、友人から生長の家の月刊誌『白鳩』*をもらって以来、生長の家を、本人の言葉では「細々と」信仰してきた。とはいえ、その長い信仰が民恵さんを楽天家にしたようで、人生に対する姿勢は、あくまで「必ず好《よ》くなる」。

泰宏さんも、高校三年のとき、京都にある生長の家宇治別格本山*で練成会を受けた。「感謝の大切さ」を教えられたとき、父親の顔が浮かんできた。

「自分の中に理想の父親像があって、現実の父と比較してしまうから、父に対して〝こうなってほしい〟という不満がありました。口数は少ないけど、心の広い優しい父なんです。その良さが、あの頃は見えていませんでした」

透析が始まってしばらくして、父親の腎臓を移植する話が持ち上がったときも、「感謝できていないのに、腎臓をもらう資格はない」と断わった。しかし、それも一年が限界だった。心身ともに疲れ果て、「心の準備が整ってから」などと悠長《ゆうちょう》なことを言っていられなくなった。

「もともと性格の穏《おだ》やかな子で、小さい頃から親を困らせたりすることなどなかったんです。でも、これまでに二回だけ感情をぶつけてきたことがありました」

と民恵さんは言う。一回目は透析が始まってすぐ、「大学をやめる」と言い出したとき。二度目は、移植手術のため奈良の病院で父親の腎臓を検査し、その結果が分かったとき。

父親の完三《かんぞう》さんは以前に脳血栓《のうけっせん》で倒れ、二ヵ月近く入院したことがあった。その後遺症《こういしょう》が見られたのである。移植は無理だった。

「〃一生このままなら、死んだほうがマシだ〃と、この子が落胆するのを見かねて、看護婦さんが腎バンクの登録を勧《すす》めてくれたんです」

だが、他人から腎臓をもらえる確率は、宝くじに当たるより低いとのことだった。

親の愛に生かされて

平成元年三月、大学を卒業。留年することなく四年で卒業証書を手にできたのは、闘病中、唯一と言っていい朗報だった。もっとも、手放しに喜んでいたわけではない。友人たちの中で、自分一人だけ就職が決まっていなかった。教師になる夢は、とうにあきらめていた。いくつかの企業に履歴書を送ったが、どこも書類選考で落とされた。就職活動らしい活動もできず、結局、卒業後はアルバイトをするしかなかった。

そんなある日、大阪大学医学部附属病院から臓器移植の電話がかかってきた。亡くなった提供者との相性がよかったらしく、絞《しぼ》り込まれた数人の候補者の中に入ったという。明朝最終検査をするので来院してほしいと言われ、泰宏さんは民恵さんと病院に駆《か》けつけた。腎臓は二つ、だから上位二名が手術を受けられる。

〝今度こそは〟と、祈るような気持ちで結果を待った。泰宏さんは、三番目で落ちた。

「その頃から、もうジタバタしなくなりました。母を見ていると、いつまでもクヨクヨしてたって仕方ない、と思えてきたし、なるようにしかならない、と。開き直ったというか、あきらめたというか……」

手術のチャンスが失われたのと同時に、泰宏さんは生きる意欲も失った。毎日をだらだらと過ごすようになって一年、再び阪大附属病院から連絡が入った。電話に出た民恵さんは、選にもれた息子を励《はげ》ましてくれた医師の懐《なつ》かしい声を聞いた。

あの日、選ばれた人のどちらかが移植を取り消した場合は手術を受けられると聞き、二人して病院の待合室で夕方近くまでねばったのだった。それが印象に残っていたのか、医師は父親の腎臓の再検査を持ちかけてきた。

「一度検査して、ダメだと言われているんですが……」

「時間も経《た》っていることだし、とにかく調べてみましょう」

ここから事態は急展開を見せる。再検査で、完三さんの腎臓は年齢の割に丈夫《じょうぶ》だと分かり、すぐさま移植にゴーサインが出た。平成二年九月に手術。一ヵ月後に拒絶反応が出て、透析を開始。再手術の可能性もあると告げられるが、十日ほどで容態《ようだい》は安定し、透析中止。その後は高熱、吐《は》き気《け》など、薬の副作用に悩まされたものの、徐々に回復し、年が明けて一月半ばに退院した。

透析から解放された喜びは、これまでの苦しみを忘れさせてくれた。食卓に並んだ母親の手料理に舌鼓《したつづみ》をうちながら、何でも食べられるという幸せに浸《ひた》った。もう機械の世話にはならなくてよい。自然に栄養は吸収され、余分なものは排泄《はいせつ》される。生命のメカニズムの偉大さを知り、深く感謝した。

「手術のことについては父から一言もありませんでした。不安も見せずに、さも当然といった顔で手術に臨《のぞ》んだということを、あとで母から聞きました」

手術後も〝物静かで優しい父〟に変わりはなかった。だが、父親の腹部には大きな傷跡が残っている。その傷を目にしたとき、胸が締め付けられた。

「〝海より深く、山より高い親の愛〟と言いますが、親の愛は、見返りを求めない無条件の愛であり、その愛に生かされて、いまの私があるのだと思いました」

泰宏さんは、ようやく父親に〝本当の感謝〟ができたような気がした。

幸運を呼ぶアンテナ

退院後は、学習塾で経理のアルバイトをし、一方で生長の家の教えを真剣に学んだ。それは、夫婦ともに生長の家の講師である寺川昌一郎《しょういちろう》さん、昌代《まさよ》さん夫妻との出会いによって、さらに拍車がかかった。

平成五年三月に、工務店を営む二つ年上の兄・洋勝《ひろかつ》さんとともに生長の家栄える会に入会。地元に栄える会の支部を結成した寺川講師に頼まれ、運営の手伝いを快く引き受けた。会の案内の葉書をワープロで作成したり、勉強会の司会を務めたりした。

「それまでは周《まわ》りに心配ばかりかけて、与えられっぱなしの人生でしたから、これからは恩返しのつもりで、人の役に立とう、人のために尽くそう、喜びを与えられる人間になろう、そう思ったんです」

寺川講師に声をかけられ、その年の夏、洋勝さんと三人で苛酷《かこく》な山歩きにも挑戦した。四国の霊場巡りで、八十八ヵ所の中の第十一番（藤井寺）と第十二番（焼山寺）の間を、一般道でなく行場として設けられた山道を歩いたのである。

峰を幾《いく》つも越えて焼山寺に至る道は、山あり谷あり、まさに人生そのもの。平坦《へいたん》な道では〝当り前の有難さ〟が身に染みた。険しい道では杖《つえ》一本の力を痛感した。自分の人生になぞらえれば、その杖は自分を支えてくれた家族や医師や友人たちだと思った。

およそ七時間かかって踏破、この遍路《へんろ》で、「やればできる」と大いに自信がついた。

「薬漬《づ》けだった体から、悪いものが全部汗となって流れ、ついでに心の中まできれいに生まれ変わったような清々《すがすが》しい気分を味わいました」

平成五年は転機の年だったと言える。栄える会の入会に、霊場巡り、泰宏さんの提案で仏壇が新しくなったのも、この年である。先祖供養の大切さは、生長の家で教えられたことだった。

「一級建築士の兄が家を改築して、仏間を作ってくれました。家に合わせて仏壇を買ったのではなく、買った仏壇に家を合わせたんです（笑）」

兄弟の思いが込められた仏壇を見た寺川夫妻は、「幸運を呼ぶ、ごっついアンテナを立てたもんだ」と感心した。

働ける喜び

就職できたのも、ご先祖様から与えられた幸運だと、泰宏さんは思っている。平成九年十一月、職安から届いた就職合同説明会の案内に、いまの職場が載っていた。

「その頃はアルバイトをやめて、税理士の資格を取るため学校に通っていたんですが、やはり働いていない後ろめたさが常にありました。就職して、仕事を通して人の役に立ちたかった。それもできれば、税理士の勉強が生かせるような仕事に就《つ》ければ、と思っていたんです」

かつて就職活動をしたとき、書類選考で落とされ続け、人事担当者と会うことすらできなかった泰宏さんが、はじめて受けた面接。「自分にふさわしい仕事なら採用されるだろう」と妙に安心していたせいか、緊張もなく、病気のことも、税理士をめざしていることも、すらすらと話せた。

会場では、あちこちの企業をはしごする人が多いなか、さっさと引きあげた泰宏さんの姿を面接担当者は見逃さなかった。本社での二次面接で、そのことを問われると、「他の企業は考えていなかったので」と答えた。数日後、内定の連絡が入った。

平成十年四月に入社。税理士の学校をやめ、鞄の中身はテキストから会社の書類になった。半年後に本社勤務となり、ますます仕事はハードになったが、働ける喜びが増し、楽しくて仕方がないという。税理士の資格を得るための勉強も続けている。

「多くの人の役に立って、父に〝腎臓をあげてよかった〟と言ってもらえるような人生を、これから歩んでいきたい。それが一番の親孝行だと思うんです」

恩返しは始まったばかりだ。

（平成十一年七月号　取材／萩原英彦　撮影／遠藤昭彦）

＊『白鳩』＝生長の家の女性向けの月刊誌。
＊生長の家宇治別格本山＝巻末の「生長の家練成会案内」を参照。

父母に心から感謝したとき、重荷が消えて明るい生活に

高知県　公務員　和田佳仁《わだよしひと》さん（49歳）

子供の頃には気にしなかった障害が、就職するときには厚い壁となった。「親のせいでこんな体に……」と思い、両親に反発。殻《から》にこもって創作活動をはじめたが、芽が出なかった。そんなとき、〈天地一切のものに感謝せよ〉という教えと出会い、転機が訪れた。

吉野川沿いの山間に広がる本山町は人口約四千、高知市内から車で一時間半のところにある。山の斜面に建つ自宅のアトリエで、和田佳仁さんは彫刻刀を手に、一心不乱に版木に向かっていた。

町役場に勤務する傍《かたわ》ら、本山町の美術クラブ部長として同好のお世話活動もする和田

さんは、六年前から油絵や版画部門で県展に連続入選している。昨秋の入選作は、「星をあつめて」と題した版画の抽象画である。

「油絵と版画を交互に描いていると、それぞれのよさが分かってきました。はじめは構図を考えながら、自由な気持ちで書いていくんですよ。出来上がってから、作品のタイトルをつけます。絵は自分の心の中を表現するものです。まっすぐな心になることが大事だと思うんですよ」

県展初入選までの十数年間、作品を応募し続けてはいたが認められなかった。「絵の雰囲気が変わった」と周囲から言われるようになったのは、あるきっかけがあってのことだ。

「恨みの気持ちで心が一杯になっていたときには、いい絵が描けなかったんだと思います。両親に感謝できるようになったとき、心の重石がとれて、明るい自由な気持ちになったんですよ」

自宅に増築したアトリエで、版画の制作に励む和田さん。毎年、県展に入選するほどの実力だ

自分がイヤになって

和田さんは、幼い頃から小児マヒを患《わずら》い、足が不自由だった。けれど、父親の広さんと母親の宮子さんが生長の家の信仰をしていたので、家の中は明るくなごやかだった。〈人間はみな神の子〉の教えに励《はげ》まされ、のびのびと子供時代を過ごすことができた。

だが、東京の大学を卒業後、就職活動をする頃になって、思わぬ社会の壁にぶつかる。入社試験を受け、一次試験には合格するが、面接で何度か落とされた。落胆して故郷に戻っても、思うように仕事が見つからず、やりきれない気持ちを、両親にぶつけた。

「親のせいで、こんな不自由な体になった……」

そんな不満を抱えながら実家で過ごしていると、母親から「ブラブラせんと何かせいよ」と叱咤激励《しったげきれい》された。知人から美術クラブを紹介されて、和田さんが絵の勉強を始めたのは二十五歳のときだった。創作にのめりこむことで心が落ち着いた。展覧会を見学に出かけたい、絵の勉強を続けるためならと、自動車の運転免許も取得した。

ようやく、二十七歳で町役場に就職が決まり、元気に働き始めたが、両親に反発する心は消えなかった。仕事を終えて帰宅すると、家族とは口もきかずに、部屋にこもって絵を描いて過ごした。

そんな平成二年のこと。父親の広さんが七十歳になり、地元の生長の家相愛会の会長を定年で退くことになった。「相愛会長を引き継いでくれないか」と頼まれた和田さんは、「仕方ないな」と軽い気持ちでそれを引き受けた。

その後、東京の日本武道館で開催された生長の家相愛会全国大会*に何度か参加した。大会では、〈すべての人や物や事に感謝したとき、神の子本来の無限力が現れる〉という教えに励まされて、病床から立ち上がったり仕事を繁栄させたりしている人々の体験談を聞いて感動した。

「みんな一所懸命《いっしょけんめい》頑張って、いのちを輝かせている。一体、自分は何をしているんだろう」

そう自らを振り返り、教えを真剣に学ぼうという気になって、生長の家のお経の『甘露の法雨』を読みはじめた。

〈汝《なんじ》らの兄弟のうち最も大なる者は汝らの父母《ちちはは》である。神に感謝しても父母に感謝し得

ない者は神の心にかなわぬ。天地万物と和解せよとは天地万物に感謝せよとの意味である……〉*

このコトバを毎日繰り返し読んでいたが、親に感謝しなければと頭では理解しても、心から感謝できない自分がもどかしかった。

重荷が消えたとき、県展に初入選

高知教区の相愛会に、四十代、五十代の働き盛りの男性が集まる「壮年部」が出来たと知らされて、その会合に誘われたのは、平成六年のことだ。

何回か勉強会に出席して、明るく元気な素晴らしい仲間がいることに感激した。自分の悩みなんか、ちっぽけなものに思え、素直になれない自分が恥ずかしかった。

ある朝、母親とささいなことで口喧嘩をした。その晩遅くに帰宅した和田さんは、居間にいる母が背中をふるわせて涙を流している姿を目撃した。

「ああ、自分はなんて親不孝なことをしたんだろう」と反省した。

十二月の忘年会の席上で、仲間と打ち解けた和田さんは、思い切って悩みを告白した。

「じつは、僕は父母に感謝できんとですよ」

そのコトバを口に出した途端《とたん》に、重くのしかかっていた肩の荷がスーッと消えていく感じがした。

子は親を選んで生まれてくる……という教えが頭の中をよぎった。この世に父は一人しかいない、母も一人しかいない。障害をもった自分を育てるのに、母は人知れず苦労をしたに違いない。「愛深い両親と一緒に生活できることは、それだけで幸せなことだ」と思えてきた。

母の激励ではじめた絵の勉強で、地元の友達がふえた。また、壮年部に入って胸のうちを話せる仲間とも出会った。信仰をもつ両親のもとに生まれたおかげで、自分は人に恵まれたのだと気がついた。

それからの和田さんは、毎朝、「いってきます」と父と母に握手して、仕事に出かけるようになった。はじめは気恥ずかしかったが、習慣になると楽しくなった。

そして平成七年秋。自宅の部屋の様子を描いた油絵が、県展に初めて入選した。その後、毎年県展に入選を重ねるようになった。

人間は肉体ではない

平成十年、父親の広さんが七十九歳で大往生《だいおうじょう》を遂《と》げた。

東京に住む兄の臣仁《とみひと》さんが駆《か》けつけ、母親と和田さんの家族三人が、自宅で床に臥《ふせ》っていた父のもとに揃《そろ》ったとき、枕元に置かれていた湯沸しポットが、ピューピューと鳴った。すると母親の宮子さんが「汽車、汽車、シュッポ、シュッポ……」と歌いだした。和田さんは父の手を握《にぎ》り、「今までありがとうございました」と語りかけると、眠っていた父親の表情がやわらいだ。家族は『甘露の法雨』を読誦しながら、父の最期を見送った。

「感謝いっぱいの気持ちで、父を看取《みと》れて幸せでした」

人間は肉体ではない。この世に生まれてから存在するのではなく、永遠の昔から生き通している「いのち」が本当の自分であり、「神の子」である。この教えの真髄を理解したとき、和田さんは心の底から両親に感謝でき、喜びの涙がこみあげてきた。

和田さんはいま、障害を少しも苦とせず、仕事に、創作活動に、町の美術クラブの世話役にと活躍する。昨秋、県展に入選した版画は、高知市内の「紙の博物館」で展示された一般公開された。

さらに相愛会の活動にも熱心に取り組み、休日の予定はビッシリ埋まっている。壮年部の勉強会や光明講演会の開催などの行事を手伝い、何事にも笑顔で、一所懸命に動き回る和田さんは、壮年部のリーダーとして周囲から認められるようになった。

昨年からは、生長の家地方講師*として、県内各地で開催される誌友会に出向き、自らの体験談をまじえて、父母への感謝の大切さを多くの人々に語り伝えている。

「有り難いことだと思います。こんな未熟なわたしでも、みなさんのお役に立てることが本当に嬉しいですね」

（平成十四年三月号　取材／亀崎昌義　撮影／中橋博文）

＊生長の家相愛会全国大会＝平成九年から「生長の家相愛会・栄える会合同全国大会」として、五月二日に日本武道館で開催されている。
＊〈汝らの兄弟のうち……〉＝『甘露の法雨』の冒頭に掲げられた「『七つの灯台の点灯者』の神示」の一節。この文言を含む神示は「大調和の神示」とも呼ばれている。
＊生長の家地方講師＝生長の家の教えを居住地で伝えるボランティアの講師。

感謝の心で交通事故の重傷に打ち克った

広島県　玉里隆三《たまりりゆうぞう》さん（61歳）

三年前、玉里隆三さんは、交通事故で全治十ヵ月の重傷を負った。朦朧《もうろう》とした意識が十日間も続いたが、入院中、玉里さんを支え励《はげ》ましたのは、「神に守られているから、絶対良くなる」という信仰だった。

年の暮れも近づいた平成十年十二月二十九日の夜のことだった。

勤務先の石油販売店からオートバイで帰宅途中の玉里さんは、交差点を直進していた。突然、対向車線を走ってきた乗用車が右折してきて衝突。転倒してオートバイから道に投げ出され、弾《はず》みで宙に飛んだ重さ百キロを越すオートバイが、仰向《あおむ》けに倒れた玉里さんの体の上に落ちてきた。

加害者に怪我《けが》はなかったが、玉里さんは救急車で近くの総合病院に運ばれた。検査の結果、左鎖骨および左肋骨、右大腿部を骨折。さらに、落ちてきたオートバイのハンドルが喉《のど》に刺さって、気道と食道が損傷し、肺が内部出血しているという重傷だった。

警察から連絡を受け、夫人の寛子さん（61）と長男の浩さん（28）が病院に駆《か》けつけた。二人は何度も玉里さんに声をかけたが、反応がない。玉里さんは事故直後のことは何も覚えていないと言う。

「ただ、『生長の家の神癒祈願《しんゆきがん》＊を受けたい』と強く願ったことだけが唯一《ゆいいつ》心に残っているんです」

応急処置が済み、容態《ようだい》はひとまず落ち着いた。だが、玉里さんは朦朧《もうろう》とした意識のまま年は明け、正月も過ぎて行った。

有難いお経

玉里さんは昭和十四年、東広島市の生まれ。二十二歳の時に出光興産に就職し、整備士として石油販売店で働いた。

三十代まで、宗教とは無縁の生活を過ごしていたが、四十歳を過ぎた頃、夫人の寛子さんが糖尿病で入院し、家事の手伝いに来た母親の花子さん（故人）から『般若心経』を誦《あ》げることを勧《すす》められた。以来、時々『般若心経』を開き、仏教にも関心を寄せるようになる。

その後、親戚に勧められて寺にも通うようになり、先祖供養をしてもらったり、寛子さんの健康回復を願って祈祷《きとう》を受けたりするようになった。

「お寺に行って祈ってもらえば、すごく有難い気がして、心が落ち着いたんです」

何の疑問も抱かずに毎月のように寺に通っていたが、生長の家との出会いが、玉里さんの宗教観を一変させることになる。

昭和六十三年頃のこと。自宅の郵便受けに、時々『光の泉』*や『白鳩』などの生長の家の月刊誌が入るようになった。当初、誰《だれ》が入れていくのかと訝《いぶか》しく思ったが、何気なく開いてみると、信仰によって病気が癒された体験談などが載っている。夫人が糖尿病で悩んでいたこともあり、ところどころ拾《ひろ》い読みをした。

月刊誌は、その後も一月置きくらいに郵便受けに入っていた。あるときふと開くと、また病気の癒された体験談が目に留まった。読み進むうち、記事の中にたびたび『甘露《かんろ》

「事故を通していろんなことを教わりました」と玉里さん。後遺症もなく、充実した毎日を送る

の法雨《ほうう》』という言葉が出てくることに気がついた。

「『甘露の法雨』を誦《あ》げたら病気が治ったということが書いてありました。この『甘露の法雨』というお経は、とても有難いお経のように思えたんです」

仏は自分の内に

いつしか玉里さんは、郵便受けに生長の家の月刊誌が入るのを心待ちにするようになる。一年ほど経《た》った頃、『甘露の法雨』を手に入れようと思い立ち、月刊誌に載っていた住所を頼りに生長の家広島県教化部を訪ねた。そして、『甘露の法雨』と、そのお経が吹き込まれたカセットテープを買った。

『甘露の法雨』は、今まで自宅で誦げていた仏教のお経と違って現代語で書かれていた。読み方を早く覚えようと、通勤途中にテープをかけて聴いた。自分で『甘露の法雨』を誦げると、不思議と心が穏やかになった。『甘露の法雨』の経本の冒頭には「神示」が掲げられ、「天地一切のものに感謝する」ことの大切さが説かれている。

「感謝のない生活を過ごしてきた自分の過《あやま》ちを思い知らされました。これからは人や物と調和した生き方をしていかないといけないなと反省しました」

それまで、仕事のやり方を巡って上司と口論になることがたまにあった。『甘露の法雨』を読み出してからは、上司に何を言われてもカッとならない。職場の人たちからは「丸くなった」と言われるようになった。

自宅近くに生長の家の信徒の集いがあることを知って、参加するようになり、相愛会の活動にも加わった。

「神や仏は寺や神社にいらっしゃる、どこか遠い存在だとずっと思っていました。ところが生長の家では、自分の内に神や仏の命が宿ると教えられた。自分は神の子だと思うと、神仏がとても身近な存在に感じられるようになりました」

七年前、長男の浩さんがオートバイを運転していて乗用車と衝突する事故に遭《あ》ったが、幸いなことに無傷だった。玉里さんは、一家は神に守られているという実感を強めた。以来、何が起きても大丈夫《だいじょうぶ》だという信念を固くした。

あのお守りが手に

生長の家に入信してから、玉里さんは寛子さんの糖尿病の回復を願って、生長の家総本山*に神癒祈願を出した。寛子さんは夫の信仰に反対こそしないが、ともに信仰するというわけでもなかった。

玉里さんは、自分が交通事故に遭ったとき、朦朧とした意識の中で「神癒祈願を受けたい」と願ったが、生長の家のことをほとんど知らない寛子さんが神癒祈願を申し込んでくれそうにないことも、脳裏をかすめたという。

(家内に生長の家を教えてないのは自分の責任だから仕方がない。まだ自分に使命があるなら神様は生かしてくれるだろう。後は神様にお任せだ……)

ところが、事故から十日後。信徒仲間の近藤正さんが自宅に訪ねてきて、寛子さんに神癒祈願のお守りを差し出した。近藤さんは玉里さんの入院を知り、急いで生長の家総本山、宇治別格本山、本部練成道場に神癒祈願を申し込んだというのだ。

寛子さんは、近藤さんから渡された神癒祈願のお守りを、すぐに入院中の夫に届けた。

そして、ベッドに横たわる夫の手にしっかりと握《にぎ》らせた。玉里さんは、そのときの手の感覚を覚えているという。

「不思議なんですが、『これは神癒祈願のお守りに違いない』と感じたんです。すると、今まで目の前を覆《おお》っていた靄《もや》のようなものがさーっと消えて、自分でも意識がはっきりとしてきたと分かったんです」

目が開き、目の前の物がはっきりと見えるようになった。しだいに傍《かたわ》らにいた家族の言葉も分かるようになり、数日後には上体を起こせるまでになった。しかし声を出そうにも声が出せなかった。

医師からは全治十ヵ月を告げられ、喉の発声器官を痛めたため、この先声が出ないかもしれないと言われた。玉里さんは、「神が守って下さるから大丈夫。必ず良くなる」と信じていたので、少しも落ち込まなかった。

その前向きな心持ちのせいか怪我は順調に回復した。入院して一ヵ月後には集中治療室から一般病棟に移され、車椅子で院内を移動できるほどになった。

入院中は、生長の家の教えが勉強できるチャンスとばかりに、家人に生長の家の本を持ってきてもらい、嬉々《きき》として一日読み耽《ふけ》った。世話をしてくれる看護婦には、感謝の気持ちから手を合わせた。そして、入院患者に生長の家の月刊誌の一読を勧めたりもした。

入院して一ヵ月半、玉里さんは声が少しずつ出るようになった。退院を許可されたのは、事故から二ヵ月余の三月のことだった。

事故に感謝

退院後、地元の相愛会の信徒仲間が退院祝いを開いてくれた。仲間たちが自分の入院中、快復を祈ってくれていたと知り、感激した。

その後の損害保険会社との示談交渉もスムーズに運んだ。加害者は五十代の男性で、病院に見舞いに一度来たきりで、その後は姿を見せなかった。重傷を与えた相手に憎む気持ちを抱いても普通だろうが、玉里さんは加害者への憎しみは無かったと言う。

「生長の家で『環境はすべて心の現れ』と教わった。事故を呼び寄せる心が自分にまったく無かったとは言いきれないと思うんです」

事故当日、年末の多忙な時で、玉里さんは、それまでになく疲労感を感じていた。ふっと仕事中に「休みたいなあ」「病院で一度診《み》てもらった方がいいのだろう」という思いが心に浮かんだ。その思いが事故に繋《つな》がったかどうかは分からない。だが、事故に遭ったことで、「これで自分の過去の悪業が消えた」と前向きに考えることにした。

「事故を起こした相手にも、あなたがおられたからこそ、私の悪業が消えました。本当に有難うございます、という安らかな気持ちになれたんです」

事故から学んだことは多かった。人の命の尊さや生かされている喜び、自分を支えてくれる家族や友人の愛、神や先祖のご加護の有難さ、そして普段の信仰の大切さ。玉里さんは毎朝、神想観をして神との一体感に浸《ひた》りつつ、自分を取り巻く人や物を思い浮かべて、感謝の言葉を唱《とな》えるようになった。

あの事故から三年が過ぎた。退院後も通院が続き、完治するまで一年かかったが、後遺症もなく、以前にも増して元気に生活している。仕事は退院直後に定年を迎え退職、今は生長の家の行事への参加が何よりの楽しみになった。夫人の寛子さんも、「何か心配事があると、仏壇に手を合わせ、亡くなった両親に語りかけるようになりました」と語る。二十年来患《わずら》った糖尿病も薬が不要になるほど快方に向かっている。

玉里さんは、退院した年の八月、宇治別格本山の伝道実践者養成練成会に参加した。

「元気になったご恩返しをしたいと思ってね」

第二の人生では、自分を救ってくれたこの真理を多くの人に伝えるのが夢という。


（平成十三年十一月号　取材／水上有二　撮影／中橋博文）

＊神癒祈願＝神の癒しによって問題が解決するように祈ってもらうこと。
＊『光の泉』＝生長の家の男性向け月刊誌。
＊生長の家総本山＝巻末の「生長の家練成会案内」を参照。

逆境はチャンス！
ドン底で開けた経営者への道

滋賀県　縫製会社代表　山下富男《やましたとみお》さん（47歳）

運転していた車がトラックと正面衝突――その事故で、運命が変わってしまった。事故によるムチウチ症、次々におそう病魔、職を失い、絶望しかけたとき、生長の家と出会った。〝神の子の人間に病も不幸もない〟そう悟ったとき、新たな道が開けた。それは思ってもみない、経営者への道だった。

クーラーの効《き》いたワンフロアの工場にはミシンが並び、七名の従業員たちが黙々と作業をしていた。襟《えり》、袖《そで》、前身頃《まえみごろ》、後身頃《うしろみごろ》などに裁断された〝布〟の束《たば》が、所狭しと置かれている。これを縫製し、〝服〟にするのが山下さんの仕事だ。

「冬には夏物、夏には冬物をつくるんです。分厚い冬物の布を縫わなきゃならんのですから、夏は汗だくですわ。最近はクーラーがあるからまだマシですけどね。自宅にミシン三台入れて、お袋と家内と三人でこの仕事を始めた頃は、そりゃもう大変でしたわ」

山下さんは、昭和二十二年、岐阜県との県境にある滋賀県の木之本《きのもと》町で、山下富三さん、トメノさん（73）の三男として生まれた。が、兄二人は幼い頃に他界し、事実上、弟一人、妹二人の四人きょうだいの長男として育った。

高校を卒業すると家を出て独《ひと》り立ちした。しかし昭和四十三年、父親が他界したのを機に故郷に戻り、実家から十二キロ程のところにあるヤンマーディーゼルに再就職。当時、開発されたばかりだったトラクターの組立作業をこなし、また直接現地へ行っての修理、販売促進などで全国各地を飛び回った。

昭和四十六年には、富美恵《とみえ》さん（43）と結婚。新居を会社近くに構え、順風満帆《じゅんぷうまんぱん》の人生だった。

ところが、運命の歯車は思わぬ方向へと転がり始めたのだ。

結婚一週間めに、自宅で披露宴を開き、車で実家へ母を送って行った帰りに、トラックと正面衝突。車は大破し、山下さんはムチウチ症で入院した。

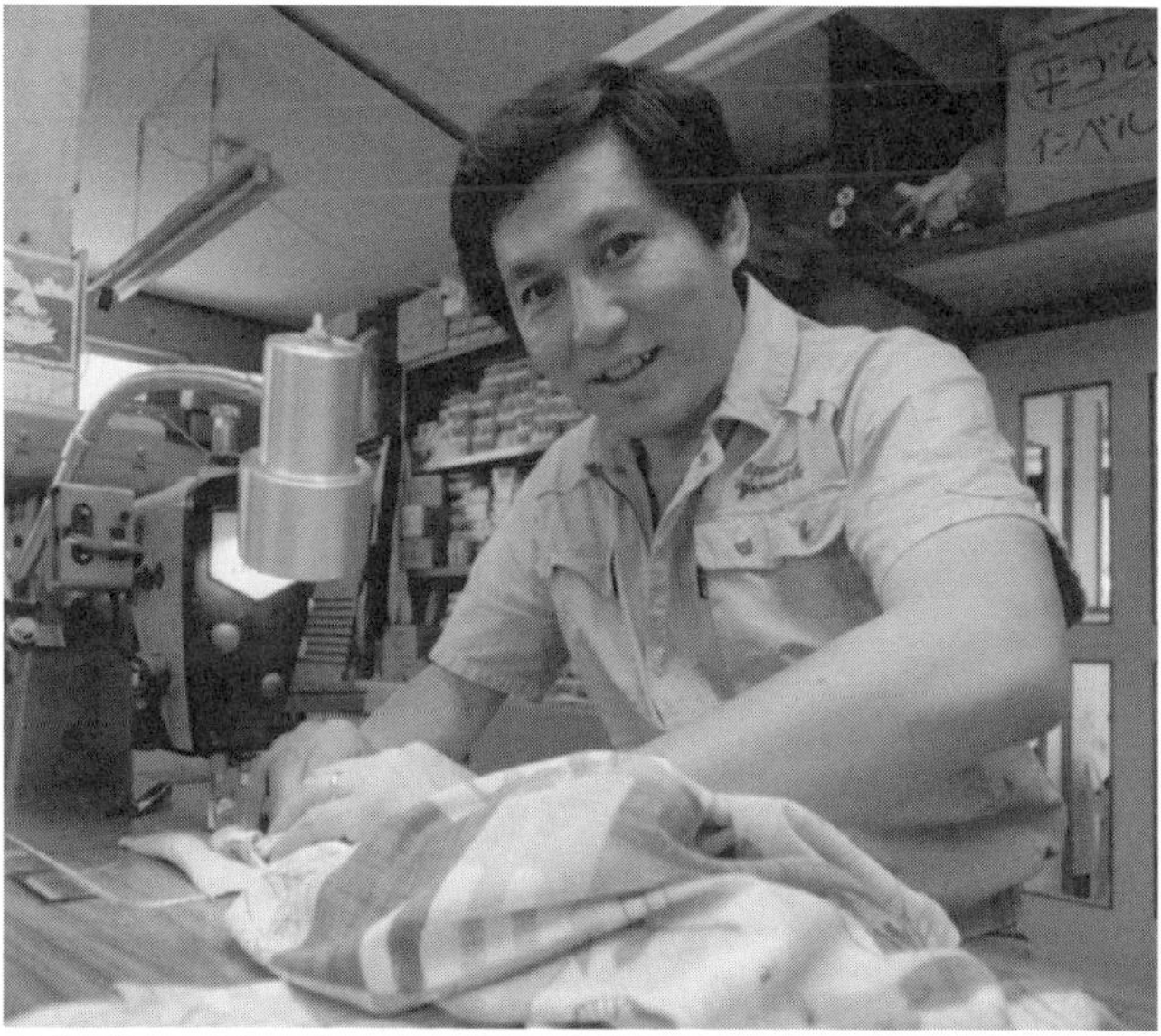

取引会社との品物の受け取りや納品、内職者からの集配などの合間にミシンに向かう

「二ヵ月ぐらいで退院したんですけど、一週間経《た》った頃から吐《は》き気《け》がするようになって、尿が赤くなったんです。病院に行ったら、急性肝炎やから、即入院せないかんと言われて……」

山下さんは、さらに二ヵ月の入院生活を余儀なくされた。

その後、湿気が多いときなど、頭から首にかけての鈍痛に悩まされながらも、どうにか勤めを続けていた。ところが、半年経って、今度は胃が痛むようになった。十二指腸潰瘍《かいよう》と診断され、山下さんは、三度、入院することに……。

「それ以来、すっかり胃腸が弱《よわ》なってしまって、入退院の繰り返しですわ。体はシャキッとしないし、仕事にならんから会社には迷惑かけるし……」

山下さんは、昭和四十八年、五年勤めたヤンマーディーゼルを退職した。

入院するより死んだ方がマシや

「どうしてこんなに悪いことばかり起きるんや……」

山下さんは落込み、暗く悪い方向ばかりに心が向くようになってしまった。しかし、すでに長女の美樹《みき》さん（21）も生まれていて、ただ、療養に専念するわけにもいかなかった。山下さんは気力を振りしぼり、富美恵さんが内職で始めた縫製の仕事を手伝うことにした。しかし思うようにミシンを扱えず、一枚の服を縫うのにも時間がかかる。体が本調子に戻らないうちに夜遅くまで働くので、潰瘍が悪化し、入院。退院するとまたムリをして……という状態が二年も続いた。

そうして何度めかの入院から家に帰ってしばらくしたある日、真っ黒な便が出た。胃から出血している証拠だった。また、入院するんか……と思うと山下さんは、うんざりした。もっとも、すでに貯金も使い果たし、二人の内職で生活費をやっと工面しているような状態では、入院費用さえ覚束《おぼつか》ない。

「もうたくさんや。入院するぐらいなら死んだ方がマシや」

心底絶望しかけたとき思い出したのが、何度めかの入院中、富美恵さんの母親が持ってきてくれた生長の家の月刊誌『白鳩』の中の記事だった。

「奇蹟が起こったとか、病気が治ったとか書いてありますやろ。〝溺《おぼ》れる者は藁《わら》をも掴《つか》む〟いう心境で、義母《はは》に『白鳩』を下さった方に相談に行ったんですわ」

その人は、山下さんの話を聴《き》くと、「宇治＊の練成会に参加するといいですよ」と、勧《すす》めてくれた。山下さんは、勧められた翌日に、宇治へ飛んで行った。昭和五十年三月十四日のことである。そしてそこで、はからずも多くの感動を得たのだった。

行ったその日に行われた浄心行《じょうしんぎょう》では、それまでの不安や恐怖心などを全て吐《は》き出し、大泣きした。「神の子の人間に病はない。神様から無限の力を与えられているのだから、心から思うことは実現する」という教えに、〝ああ、心の拠《よりどころ》が見つかった。これで救われる〟と思った。「これからきっと良くなる」という確信と安心感に、体の底から力が蘇《よみがえ》ってくるようだった。

練成会から戻っても、胃の痛みや下血《げけつ》は相変わらず続いていた。心配する家族は入院を勧めたが、山下さんは、体はともかく、気持ちが明るくなっている。「人間は神の子で病気はないんや、大丈夫《だいじょうぶ》」と、ガンとして入院しなかった。

それでも不安になると、すぐ宇治へ行った。練成会中に何度も倒れるので、講師に、「ここは病院やないで。病院と思って来たらあかん。ここは真理を悟るところや」と一《いっ》喝《かつ》されたこともあったという。

大失敗転じて……

昭和五十一年元旦、日の出を拝んでいると、急に激しい腹痛が起こった。七転八倒するほどの痛みに、さすがの山下さんも我慢ができず救急病院に行くと、胃が破れていることがわかり、その日のうちに手術をした。

「一切を神様にお任せしよう、いう心境やったからか、手術をしてからは痛みもなくなり、徐々に回復しました。後で『生命の實相』に、『金の心配をすると胃腸が悪くなる』と書かれてあるのを読んで、納得しましたね。一年ぐらいは体に力が入らなくて、仕事ができなかったんですけど、その間は、長浜市にある弟の家に転がりこんでたんです」

その頃、富美恵さんは隣町の高月《たかつき》に新しくできた縫製会社に勤め始めた。そして、どうにかやりくりをつけ、昭和五十一年十二月に、高月町にある先祖からの土地に家を建てて移り住んだ。そして、体力が回復してきた山下さんは、少しずつ、内職の形で縫製の仕事を請け負うようになった。まだ勤めに出られるだけの自信はなかったが、縫製ならこの先も続けていけるような気がした。そこで富美恵さんと話し合い、「本格的にこの仕事をやっていこう」と決めた。

富美恵さんが会社を退職し、そこから仕事をもらってスタートを切ったのは、昭和五十二年三月だった。すぐには収入に結びつかなかったが、富美恵さんの実家が援助をしてくれた。次第に受注も増えていき、内職で手伝ってくれる人も確保して、ようやく軌道に乗り始めた。その矢先、ぱったりと注文が途絶《とだ》えてしまった。

「ガウンを縫う仕事やったんですよ。当時は結婚すると、たいていペアのガウンを揃《そろ》えたもんでしたけど、時代の流れか、あんまりそういうことをしないようになって……。会社の方が規模を狭《せば》めて、外注にはいっさい出さん、いうことになったんですよ」

三ヵ月間、まったく仕事がない状態が続いた。ほうぼう訪ね歩いて仕事を探したが、実績のない山下さんに発注してくれる業者は、なかなか見つからなかった。気持ちは焦《あせ》ったが、山下さんは、二度と暗い気持ちになることはなかった。「人間・神の子、無限力」を信じて、ひたすら仕事を探した。

すると三ヵ月めに、「うちの仕事を応援してもらえんやろか」という同業者が現れた。喜んで引き受けたが、それまではやったことのない、婦人服の縫製だった。

「これが、大失敗やったんですよ。納期は遅れるわ、品質は悪いわで、本社から呼び出しを受けましてね。ペナルティもらうんを覚悟して行きましたわ」

ところが事情を聞いたその会社は、「そんなんやったら、全面的にバックアップするから、うちの仕事をしてみないか」と言うではないか。山下さんは我が耳を疑ったが、その後、毎日のように社員が山下さんの家を訪れ、指導してくれるようになった。

「内職する人を増やすばかりじゃいかん。人を雇《やと》ったらどうや」というその人のアドバイスで、一人雇い、二人雇いして、従業員が増えていった。

こうして自宅での仕事が限界に達し、「工場を建てるのに、近くでいい土地はないものか」と物色していると、「うちの土地を貸しますよ」という人が現れ、昭和六十二年、トントン拍子で工場が建った。それ以降は、徐々に仕事も増えてきて、収入も安定している。

バブル崩壊の影響はファッション業界にも暗い影を落とした。仕事が減って、借金で凌《しの》いでいる同業者も少なくない。だが、アパレルヤマシタは、不思議に仕事は減っていないという。バックアップしてくれた会社とは十二年来、年間契約をしているが、一社だけだとどうしても仕事の少ない月が出てくる。それをカバーするために、仕事を回してくれる会社が三社ほどあるのだが、「今月はちょっと少ないから、どっか仕事入れてくれへんかなあ」と思っていると、そういう会社から、「山下さん、空《あ》いとる?」と電話がくるのだ。

「ほんま不思議ですけど、これも生長の家の『明るい心が運命を好転させる』という教えを知っているお蔭《かげ》やね。事故起こして次々病気せんかったら、生長の家との出会いはなかったし、今の人生もなかった。あのままやったら、今でも一会社員で、自分の工場を持つなんて考えもせんかったやろな。経営していくことの難しさは感じてますけど、結果的には良かったと思っていますよ」

そう言って、山下さんは言葉を続けた。

「〝逆境はチャンス〟と言いますやろ。まさにそれでしたわ」

(平成六年十月号　取材/坪田真奈　撮影/中橋博文)

＊宇治＝生長の家宇治別格本山。巻末の「生長の家練成会案内」を参照。

肉体の自由を失っても心は自由。街の床屋さんはよろず相談室

新潟県　理髪業　阿部丹爾《あべたんじ》さん（65歳）

肉体の自由を失った少年は心の自由までは失わなかった。あえて選んだ立ち仕事を続けるなかで掴《つか》んだ真実の幸福。その源泉は〝人間神の子、無限力〟という確固不動の教えであった。真理に目覚めた心の世界は無限に広がった。

「ほ、そうかい。おふくろさんの誕生祝いをやるってか。そらいかったなあ」
背凭《せもた》れのない回転椅子に座り、お客さんの髪に櫛《くし》を当て、スッスッと鋏《はさみ》を入れていく。六・五坪の店内に散髪台が二台。「あべりはつ館」はJR新津駅から歩いて一分の小さな床屋さんである。店主はこの道四十五年のベテラン、阿部丹爾さん。右足が不自由だが、敏捷《びんしょう》に動き回り、一人四、五十分のペースで仕上げる。整髪を終えた客は、お茶

を飲んで一服すると、きまって「ありがとうございました」と言って帰っていく。

「じゃあ、ちょっと行ってみますか。すぐそこだから」

仕事の合間を縫って、阿部さんは松葉杖《まつばづえ》をついて外に出た。小脇には本誌をはじめ生長の家の雑誌『白鳩』『理想世界』を束《たば》にして抱えている。

店の前は道一本へだてて駐輪場になっていた。ビッシリと並んだ自転車の何台おきかのカゴに、阿部さんは雑誌を入れていった。婦人用自転車には『白鳩』。若者向けには『理想世界』といった風に、見分けながらの作業だ。

「いつもだったら広告のチラシで帯封してね。贈呈のハンコ捺《お》して入れるんだけど。ま、きょうはこうやってるよ、という見本だから、勘弁《かんべん》してもらうか」

阿部さんはいくぶん照れ加減の顔をカメラに向けて言った。

阿部さんが駐輪場の自転車に生長の家の雑誌を入れ始めてから二年近くになる。が、一度も捨てられていたためしがない。

「よくしたもんですよ。読む気がないって人は隣の自転車のカゴに入れてっちゃう。結局、求める人が読むことになるわけでさあ。ハハハ」

駐輪場の自転車のカゴに生長の家の雑誌を入れる阿部さん。少しでも教えを伝えたいという情熱は衰えを知らない

よろず相談室

「あべりはつ館」には整髪の客のほかに、さまざまな客が訪れる。悩みごとの相談のためである。平成二年はノイローゼの子をもつ母親の相談が二件あった。いずれも阿部さんは入院先の精神病院を訪ねると、勇気づけるとともに、『甘露の法雨』を黙読でもよいから唱《とな》えるよう伝えた。

二十四歳の女性の場合、一ヵ月後に退院した。親は〝まさか、こんなに早く〟と半信半疑であったが、数ヵ月後、勤めに出るようになると、お礼に駆《か》け込んできた。また、二十歳の若者は三ヵ月で退院。「おじさん、髪刈ってよ」と自ら整髪にきた。

「話しやすいんだろうかね。私んとこには何でもザックバランに相談に来るんだよね」

店の隅の椅子に腰かけ、阿部さんは目を細める。

阿部さんに持ち込まれる相談事は、それこそ千差万別だ。なかには夫婦間の不和の問題もある。妻から離婚を求められた息子のために母親が相談に来たことがあった。阿部さんは夫婦の調和を説いた生長の家の本を贈呈し、

「他人《ひと》と過去は変えることはできないけどね。自分と未来は変えることはできるんだよ。まず息子さんが変わることとさ」

とアドバイスした。〝嫁を何とかできないもんか〟と相談に来た母親は、目からウロコが落ちたようになって帰って行った。

悩みといえば、〝嫁の来手がない〟というのも少なくない。「嫁さんがいない、いない」と口癖のようにこぼす人がいるが、阿部さんはけっして慰めの言葉はかけない。

「〝いない、いない〟という言葉は絶対に使わないことですよ。逆に〝必ずいるんだ、いるんだ〟という言葉を使ってると、その通りになるんです。それが言葉のもつ力というもんですよ」

阿部さんは小柄な体を、グイと前に押し出して言った。

悩みを打ち明けられた阿部さんは、聞きっぱなしで終りにすることがない。必ず神想観《しんそうかん》をして、相談者の幸福を祈る。生長の家の教え〝人間神の子、無限力〟を深く信ずる阿部さんにとって、現象的にはどんなに不幸に見える人でも、本来は完全円満であるはずなのだ。

「悩みを掴《つか》んじゃってる人の名前を呼び出してね。光明思念を送るようにしてるんですよ」

小作りの顔がほころんだ。

心は自由

阿部さんは大正十四年一月十九日、新潟県荻川村に十一人兄弟の次男として生を享《う》けた。生家が農家だったため、物心つく頃から大概の農作業は手伝ったという。そんな少年の頃、阿部さんには忘れ難い光景がある。

昭和十年のことだった。夕食を終えた阿部家の囲炉裏《いろり》ばたでは、父親の徳衛さん（昭和三十一年没）が革表紙の本を手に、家族に朗読して聞かせていた。本の名は『生命の實相』だった。

「その年の八月に上京した親父が或る人から読むように勧《すす》められたんすね。十月には全巻揃えて、毎晩読んで聞かせるのが日課になってね」

丹爾《たんじ》少年も祖父や母親とともに、子守歌でも聞くように自然に耳を傾けるようになった。

〝そうだったんか。人間はほんとは神様の子で、無限の力が与えられているんか〟

幼い少年の柔らかな心に、いつしか生長の家の教えが沁《し》み込んでいった。

が、そんな矢先、思わぬ事態が少年を待ち構えていた。その年も押し詰まった十二月五日。学校の運動の時間に右足を強打した丹爾少年は、家に帰るなり高熱を出して床に伏してしまったのである。高熱に魘《うなさ》れる日々が続いたのち、急性肺炎、関節リウマチ、さらに骨髄炎と症状は悪化した。二ヵ月後には二回手術を重ねたが、右足の関節は二度と動くことはなく、そのまま寝たきりの身となった。

遊びたい盛りの少年が自由を失う。暗く打ちしおれたとしても、誰《だれ》も咎《とが》めることはできなかったろう。だが丹爾少年はちがっていた。骨髄炎の後遺症である痛みと闘いながら神想観を始めたのだった。体の自由は奪われたが、心は自由だったのである。

「私は生まれつき呑気《のんき》なたちなのか。足が利かなくなっても、ひょっとしたら自分はもともとはこういう体だったんじゃないかな、なんて思ったりしてさあ。絶望するなんてことはなかったすよ。とにかく、生長の家の教えにふれてたのが大きい救いだったすね」

阿部さんはポンポンと闊達《かったつ》な調子で言う。

学校は五年生の二学期の途中から通えなくなったが、自宅で勉強を続け、尋常《じんじょう》小学校の卒業証書を手にした。そして、二年後には松葉杖を足がわりに歩けるようになっていた。歩けるようになった丹爾少年は〝人間神の子、無限力〟と口ずさみながら、木登り、大工仕事、針仕事、家族の食事の支度、弟や妹の子守りと、何でもござれと活躍する。

それから三年後、丹爾少年は父に連れられて、生長の家本部（当時、東京・赤坂）を訪ねた。谷口雅春先生の講話が終わり司会者が「誰か質問のある人は」と訊《き》いた。

「ハイッ」

咄嗟《とっさ》に手を上げていた。ひたむきに信仰のあり方を問う少年に、先生は慈愛に満ちた視線を注《そそ》ぎながら、先祖供養につとめるようにしなさい、『甘露の法雨』を誦《あ》げなさい、とふんわりと包み込むように指導してくれた。そして、

「私が『神想観はどのくらいやったらいいんですか』と質問したら、先生は『いつもですよ。ずっとやるんですよ』と言ってくださったですよ」という。

阿部さん、十五歳のときのことである。

ソレヤレソレヤレ

阿部さんが理容師見習いになったのは昭和十九年秋のことである。当初は東京の製図工の養成所に入るつもりだったが、戦争が苛烈《かれつ》になったための方向転換であった。周囲からは「足が不自由なのに何を好きこのんで立ち仕事を」と、時計やラジオの修理業、洋服の仕立て屋などの座り仕事を勧められたが、動じなかった。「つくづく神様の世界はうまくできてる、と思うんすね。今じゃ時計、ラジオ、洋服はスーパーでいくらでも安く買えるでしょ。だけど床屋はスーパーじゃ売ってないもんね。ハハハハ」

二十四年四月、理容師免許を取った阿部さんは、二年後の十月、現在地に「あべりはつ館」を開業する。そして翌二十七年一月にトモエさん（64）と結婚した。トモエさんもまた、生長の家の教えに深く傾倒する人だった。

「女房も生長の家の人だからさあ。私が活動であちこちふっ飛んでも文句つけるどころか、〝ソレヤレ、ソレヤレ〟って調子だからね。これには感謝してますよ。ほんとに」

阿部さんはそう言うと、うんうんと頷《うなず》いてみせた。

また、馴染《なじ》みの客が顔を出した。阿部さんは傍《かたわ》らの松葉杖を素早くとるとスッと立った。

「オッ、いらっしゃい。元気にしてるかね。こんど長崎に行くんだわ」

「へえ、旅行かい」

「いや、生長の家の総本山に行くのさ」

「ほう、そらまたよかったなあ」

と、話が弾む。

そんな馴染み客の一人で二十歳から刈ってもらっている井上平八郎さん（48）が、お茶を啜《すす》りながら阿部さん評を語る。

「この人は物事をよく知っている人でね。話をしていても楽しいですよ。生長の家の話も抵抗なしに自然に聞いてます。阿部さんはカッカして強制してくる人じゃないですからね」

阿部さんは現在、生長の家新潟北越教区相愛会の連合会長を務める。本業と信仰活動で超多忙なのだが、多忙な人に見られがちなギシギシした感じが少しもない。むしろどこか飄々《ひょうひょう》として人をホッとさせる雰囲気がある。忙中閑のたとえで何やら心休まる趣味でももっているのだろうか。

「趣味ねえ。昔は将棋もやってみたけどね。早く指すだけのヘボ将棋でさあ、これが。今じゃ忙しいからやらなくなっちゃった。ま、強いて言うとすると、生長の家が趣味かな」

見事に、一本取られてしまった。

新潟県加茂市に住む長女の高山理恵子《りえこ》さん（38）も、阿部さんをこう語る。

「たしかに、唯一の趣味といえばそうですね。とにかく生長の家ひと筋できた父です。一生の生き甲斐をもてて良かったな、と思います。父は足は動かないけど、そのぶん心と手が動くんです。小さい頃、雨が降ってくると、外を歩いている人を見つけて『早く、傘、傘』って言うんです。あわてて傘持って走ったことが何回もありました。今でも変わってませんね」

もう一人の娘さんで現在、夫とシンガポール在住の石附《いしづき》ちはるさん（31）も、

「父が身体障害者であることは意識した記憶がないんですよ。そう育ててもらえたこと

に感謝してます。小さな頃から生長の家の教えが生活の中にあったから、私は今でもことあるごとに教えが生きてるって感じです。主人はこちらで独立したんですが、父のアドバイスが大きかったと思います。父に言われた通り主人に『あなたはツイてる、絶対ツイてる』って言い続けたら、ほんとにその通りになったんですよ」

と、国際電話の向こうから弾んだ声で答えてくれた。

一日目の取材を終え、息子の奈々男《ななお》さん（29）の運転する車で夕食に向かった。奈々男さんが手にする風呂敷包みの荷物が何かと思ったら、阿部さん専用の座椅子であった。料理屋さんの座敷に行くと、阿部さんは足を投げ出す格好で座椅子に坐《すわ》った。

「ほら、私は普通に坐れないからね。これ自分で作っちゃったのさ。松葉杖だって自分で作ったんだから」

と、阿部さんはちょっと得意そうに言った。

息子の個人指導

取材二日目の朝八時ごろ、ホテルのロビーで待機していると、阿部さんが体ごとドアにぶつけるようにして入って来た。

「あのね、予定が狂って八時半出発になったから、お知らせしようと思ってさ」

その日は八時から市内金津《かなつ》の石油の里に撮影に行くことになっていたのである。奈々男さん運転の車で阿部さん夫妻と、石油の里とすぐ近くのもみじ園を訪ねた。トモエさんがしみじみした口調で言った。

「主人は気が早い人でして、何でもシュッとやるんです。ついていくだけで精一杯でしたけど、元気でいられるのは生長の家の御教えのお蔭《かげ》でしょうね。振り返ってみると、不思議なくらい良い方へ良い方へ、道が開けてきました。血液の循環のように必要なものが流れてきましたね」

奈々男さんは夫妻とともに撮影されるのをためらうほど照れ屋だが、阿部さんがコッソリと教えてくれた。

「この間ね、自分が運営する会合に遅刻しそうになったから、『ま、少しくらい遅れてもいいさ』と言ったら、いきなり『お父さん、生長の家ではそういういい加減なことは教えていないでしょ』なんて個人指導されちゃってさ、いや参った、参った」

もみじ園から帰ると、母親のハルさん（87）が訪ねてきた。いくらか腰が曲がっているものの歩き方も語り口も、かくしゃくとしている。「いろいろと大難儀したけども、生長の家の教えに救われましたよ。十一人のうち一人だけ小さいうちに喪《な》くしましたが、所帯持ってからはみんな丈夫で、私は喜んでますわね」

ハルさんは目をしばたたかせながら言った。

取材を終えて、駐輪場を抜けて駅に向かう途中、頭の上の方から物静かな、しかし毅《き》然《ぜん》とした声が響いてきた。阿部さんが一ヵ月前からスピーカーを通して流しているという谷口雅春先生の講話だった。帰りの車中、後を追うようにして駅まで来て、「指定席とれたっすか」と言った阿部さんの顔を思い出していた。

（平成三年三月号　取材／奥田益也　撮影／紀善久）

地獄を見た男の〝前線復帰〟。脳血栓、下半身マヒ、そして熾烈なリハビリ

島根県　会社員　野上茂八《のがみもはち》さん（46歳）

全国の肢体《したい》不自由者について、その原因となった病気を調べると、脳卒中《のうそっちゅう》が最も多く、全体の二二・四％（三十三万七千人）を占めている（厚生省社会局）。脳卒中の場合、回復しても後遺症が残る可能性がきわめて高く、当然のことながら、患者にとってリハビリは重要な課題になっている。ここに紹介する一例は、脳卒中の一種である脳血栓《のうけっせん》で倒れ、下半身マヒ等の重度の後遺症をもちながらも、生長の家の教えを〝心の杖《つえ》〟にして、リハビリに熱心に励《はげ》み、ついに職場へ復帰、要職をこなすまでに回復した男のドラマである。

冬の曇空が低く広がり、あと一キロも行けば日本海という益田《ますだ》川下流の河川敷に、野

村組の工事現場はあった。ヘルメットをかぶり、作業服に長靴を履《は》いた男が近づいてくる。野上茂八さん、四十六歳。眼鏡の奥の柔和《にゅうわ》な眼が、工事現場をとりしきる男に似合わず、物静かな人柄を感じさせる。

昭和三十九年に総合建設業の野村組に入社した野上さんは、仕事師の異名《いみょう》をとるほど仕事熱心で、十年目には車両課長に就任、現場監督もかねることになった。

特に執念を燃やした仕事が、島根県益田市を横切る益田川の護岸工事。この川はたびたび氾濫《はんらん》を起こしており、五十八年七月の集中豪雨では市街地のほとんどが水没してしまった。しかし、六十年七月の豪雨の時には、野上さんらの度重なる努力が実り、決壊《けっかい》をまぬがれている。その益田川を背にして、野上さんは淡々と語り始めた。

ライオンの叫びのような

昭和五十八年二月十七日。野上さんはいつものように益田川の護岸工事を終えて、午後七時半に帰宅。ここまではいつもと変わらなかった。ところが、午後八時頃から身体がだるくなり、頭が痛みだした。いつもの晩酌もせずに床についたが激しい頭痛は収ま

人生の荒波を乗り越えてきた野上さんの表情は男の充実感にあふれている

る気配はなく、十時ごろ、妻の美末《みすえ》さん（46）に近くの医者を呼んでもらった。医者は頭痛止めの注射を打つとともに、精密検査をすることを勧《すす》めた。

夜も深まり、寝静まった午前一時ごろ、妻の美末さんは、「ウォー」というライオンの咆哮《ほうこう》のような異様な悲鳴に目がさめた。

隣の夫を見ると、洗面器半分ほどのものを戻している。小量の血も混ざっていた。驚いた美末さんは再び医者に連絡。医者は救急車を呼び、野上さんは益田日赤病院にかつぎこまれた。病院の診断は「重度の脳血栓《のうけつせん》」というものだった。

この時三十八歳。仕事では一番脂《あぶら》の乗りきったところで、一家の大黒柱としての責も重いというのに、この突然の病い。当時、三人の子供は、中学三年生を頭に、中二、小二とまだ発育ざかりで、中三の長男は倒れた翌日が高校入試という巡り合わせだった。

「医者から、親戚に伝えてくれといわれ、命も危ない状態だとわかり、体じゅうの力が抜けていきました」と妻の美末さん。

しかし、本人をはじめ、家族が一番衝撃を受けたのは、重度の障害が残ると宣告された時だったという。

二十日間の絶対安静がとけた後の回診で、野上さんは自分の両膝《りょうひざ》が医者のたたくハンマーに全く反応しないことに気づいた。完全な下半身マヒだった。しかも、眼が定まらず、物が二重に見え、他人の眼が四つに見えた。平衡感覚もやられていた。ベッドに起き上がろうとすると、周囲がくるくる動いているように感じた。さらに手足の感覚もなく、熱い茶碗を持っても何も感じない。

この時点で野上さんは「もう二度と職場には戻れないだろう」と観念した。

射《さ》し込む一条の光

ちょうどその頃、野村隆一社長（71）の次男で、常務取締役の野村明生さん（32）が見舞いに訪れた。野村常務は社長同様、熱心な生長の家の信徒で、『甘露の法雨』という生長の家のお経を枕元で四十分ほど小声で読んでくれた。それから十日間、野村常務は仕事でどんなに遅くなっても休まず駆《か》けつけてくれた。

「どんなに疲れていても、お経をあげてくれる明生さんの優しさには深い感動を覚えました。次第に明生さんが来るのが待ちどおしくなりましてね。そのお経を聞いたあとは何故《なぜ》か、気分が爽快《そうかい》になるんです。そして〝肉体の奥に霊妙《れいみょう》きわまりなく完全なる存在あり〟という、このお経の一節がいつまでも心に残って離れないんですね。それがその後に起きた、神秘的な経験とつながっているように思えてならないんです」

野上さんは、発病してから二ヵ月後の四月下旬に不思議な体験をする。早朝五時に眼がさめた野上さんは、まだ完全に目覚めていない意識の中で、ある声を聞いた。

「絶対、大丈夫《だいじょうぶ》。必ず良くなる。必ず立てる」

野上さんの病室は四階にあり、ベッドは太陽が昇《のぼ》る反対側にあったが、ベッド近くの窓際に、輝《かがや》くばかりの光を放つ人物が立って、そう言ったという。

これが単なる幻《まぼろし》だったのかどうかはわからない。が、この体験によって、野上さんが前途《ぜんと》に一縷《いちる》の希望を見いだしたことは想像するに難くない。気を強くした野上さんはその翌日、はじめて自力でベッドを降り、ベッドの端《はし》によりかかりながらも、立つことができたのだから。

熾烈《しれつ》なリハビリ

国立療養所東京病院によると、どんな理由であれ、重度の身体障害をもった場合、「それが生じた時点で、完全に回復するのは無理とあきらめがちになる人が多い」という。その点、野上さんの場合、「必ず良くなる」という確信をもてたことで、他の患者と大きく一線を画した。

これは、その後のリハビリを行う際の真剣度の違いとしても表れた。野上さんによると、一生治らないと観念した人は、「余生《よせい》を遊んで暮らせばいい」という了見《りょうけん》で、甘えが先にたち、リハビリをいい加減にしかやらないという。

五月からのリハビリは、先ずマットに寝ころび、足首をあげる練習から始まった。一キログラムの砂袋を足につけてあげる練習から、膝をたててマットを歩く練習へと、段階的にステップを踏んでいく。夏ごろには平行棒をつたわって歩く練習に加えて、杖《つえ》をついての歩行訓練も行われるようになった。

しかし、七ヵ月間にわたるリハビリにもかかわらず、杖で歩けるのは五メートルがやっと。物はあいかわらず二重に見え、手足の感覚も戻らない。手の握力はわずかに五キログラム。通常の大人で四十キロはあるのだから、この数字が示す低さは尋常《じんじょう》ではない。

医者はこれ以上好転することは無理と判断、退院を勧めた。

野上さんは十一月の退院にあたって、重度にあたる第二級の身体障害者と診断された。

しかし、野上さんはあきらめなかった。ベッドで聞いた「必ず良くなる」という言葉を心の支えにして、雪の日も風の日も一日も欠かさず、リハビリに通う。この努力は次第に実り始め、翌年の五十九年八月には短距離なら杖で歩けるようになり、眼も本が読めるまでに回復した。そしてその年の九月、車両課長のポストをそのままにしておいてくれた会社側の温情もあって、職場復帰を果たしたのであった。

精神的なハンディキャップ

とは言っても、野上さんは家から会社までのわずか二百メートルの距離を杖をつき、ケガ防止用のヘッドガードを頭につけ、ガードレールによりかかりながら通わねばならなかった。だから、会社にたどりついた時にはへとへとになっていた。ガードレールによりかかりながら進むのは、平衡感覚が希薄なため、腰に刺激を与えないと斜めに歩いて車道に出てしまうからだ。

会社の仕事も電話番しかできなかった。それも眼が定まっていないために、間違ってダイヤルを回す始末。

身障者の場合、これら身体のハンディキャップだけでなく、それに伴う精神的な劣等感が大きな障害となって立ちふさがるものだ。前述の国立療養所によると、医学的なリハビリテーションにより、障害者の日常的な運動能力が回復しても、人並みに働けないという自覚、裏がえせば自信の喪失が家庭から社会への回路を断っているという。

職場に復帰できた野上さんでさえ、やはり社会の自分を見つめる目には、敏感にならざるをえなかったと告白する。

「リハビリのために病院へ行くと、よく知人に会うんです。するといかにも、若いのに可哀《かわい》そうだなあという目で見られるのは辛《つら》かったですね。もう人中には出たくないと思うことがありました」

職場でも、ほとんど仕事らしい仕事ができない野上さんは、若い健常者と比較して、どうしても引け目を感じてしまう。しかし、ともすると、自分の殻《から》に閉じ込もりがちになる野上さんを支え、勇気づけたのはやはり生長の家の教えだった。

自己限定を破る

入院中に『甘露の法雨』に触れて、生長の家に興味をもった野上さんは、その後、野村社長の勧めもあって、生長の家の誌友会や集まりに自ら不自由な足で参加し始めるようになる。昭和六十年一月には、長崎県・西彼町の生長の家総本山で団体参拝練成会*という五日間の練成会を受けた。その三日目に、草取りなどの作業を行う〝献労《けんろう》の時間〟があった。

「体力には自信がなく、その献労はやめようかと考えていたんですが、〝人間・神の子無限力〟という言葉を聞いて、やれそうな気がしてきたんです。みなさんと〝ありがとうございます〟と大声で唱《とな》えていると、足の痛みを忘れていました」

杖をついても二百メートルを歩くのがやっとだったという野上さんに、思わぬ力が出た。杖なしで、初めて一キロの山道を歩くことができたのである。海が一望に見渡せる小高い丘に出たとき、野上さんの胸に何とも言えぬ感動がこみあげてきた。ちぢみこんでいた心が、青空いっぱいに広がるのを覚えた。

「自分の中に、どんな障害をも乗り越えていける無限の力が宿っていることを、このとき身をもって知らされました。『神の子・無限力』の教えほど私を励《はげ》まし、鼓舞《こぶ》してくれたものはありません」

と野上さんは涙ぐんだ。

この総本山での体験は、野上さんに大きな自信と活力を与え、それまで自分で自分を限っていた一切の考え方は払拭《ふっしょく》された。

「帰って来ると表情が明るくなってましてね。体の方もそれから見違えるように回復していったんですよ」

と妻の美末さんは、今でも信じられないという表情で当時を振り返る。

この練成会から帰ってから、ついに野上さんは杖を離して歩き始めた。職場の同僚にも引け目を感じなくなった。

「たとえ、人ができる百のうち、いま自分は四十しかできなくても、必ずいつか回復して、そのときこそ会社に恩返しをしよう」というふうに、積極的な考え方に心を向けることができるようになった。

以来、職場での仕事ぶりも、病いに倒れる以前の状態に徐々に近づいていく。そして六十三年には車両課長としての本来の仕事を再開するまでになった。

現在の野上さんは、かつて下半身マヒ等の障害で苦しんでいたとはとても思えないほどの回復ぶりである。

現場では足早に作業員に駆け寄り、「ご苦労さん、あそこは大丈夫か」と気軽に声をかけ、さわやかな笑顔を振りまいていく。河床掘削用のパワーショベルに乗りながら、機械の調子を点検する。とりわけ驚いたのは、一般車道での車の運転ができるようになったという事実だった。医学上、重度の脳血栓を患《わずら》った場合、なんらかの後遺症が残るのが通例で、車が運転できるほど回復したケースは稀《まれ》だという。

日本海をのぞむ益田市の海岸沿いを、野上さんと歩いた。

「この病いに倒れるまでは、ただがむしゃらに、周《まわ》りを考えずに、自分だけで仕事をしていたように思うんです。それが病気になり、生長の家の教えに触れて、今までの人生を反省する機会を与えられました。今は相手の立場を考え、みんなの力をいかに引き出すかを念頭において仕事をしています。神様は今回のことを通して、もっと広々とした素晴らしい世界があることを教えてくれたんです」

そしてこうもつけ加えた。

「病いで苦しんでいる人、悲しんでいる人を見ると、かつての自分を見ているようで、生長の家の雑誌をもって駆けつけるんです。『大丈夫、必ずよくなります。あなたの中には無限の癒す力が宿っているのですから。たとえ今、動けない状態でも諦《あきら》めないで下さい』と、その方の手を強く握《にぎ》りしめながら励ますんです」

冬の荒れ狂う白い波が、浜辺に打ち寄せてはしぶきとなって消えて行く。

「海を見ているとなぜか安らぐんですね。自分の人生を見ているようでね。どんなに高い波もいつか必ず静かな波になる」

そう語る野上さんの表情は、大きな波を乗り越えてきた男の充実感にあふれていた。

（平成元年五月号　取材／渡邊隆　撮影／廣中雅昭）

＊団体参拝練成会＝各教区ごとに生長の家総本山に団体で参拝し受ける練成会。

教化部名	所 在 地	電話番号	FAX番号
静岡県	〒432-8011 浜松市城北2-8-14	053-471-7193	053-471-7195
愛知県	〒460-0011 名古屋市中区大須4-15-53	052-262-7761	052-262-7751
岐阜県	〒500-8824 岐阜市北八ッ寺町1	058-265-7131	058-267-1151
三重県	〒514-0034 津市南丸之内9-15	059-224-1177	059-224-0933
滋賀県	〒527-0034 八日市市沖野1-4-28	0748-22-1388	0748-24-2141
京 都	〒606-8332 京都市左京区岡崎東天王町31	075-761-1313	075-761-3276
両丹道場	〒625-0081 舞鶴市北吸497	0773-62-1443	0773-63-7861
奈良県	〒639-1016 大和郡山市城南町2-35	0743-53-0518	0743-54-5210
大 阪	〒543-0001 大阪市天王寺区上本町5-6-15	06-6761-2906	06-6768-6385
和歌山県	〒641-0051 和歌山市西高松1-3-5	073-436-7220	073-436-7267
兵庫県	〒650-0016 神戸市中央区橘通2-3-15	078-341-3921	078-371-5688
岡山県	〒703-8256 岡山市浜1-14-6	086-272-3281	086-273-3581
広島県	〒732-0057 広島市東区二葉の里2-6-27	082-264-1366	082-263-5396
鳥取県	〒682-0022 倉吉市上井町1-251	0858-26-2477	0858-26-6919
島根県	〒693-0004 出雲市渡橋町542-12	0853-22-5331	0853-23-3107
山口県	〒754-1252 吉敷郡阿知須町字大平山1134	0836-65-5969	0836-65-5954
香川県	〒761-0104 高松市高松町1557-34	087-841-1241	087-843-3891
愛媛県	〒791-1112 松山市南高井町1744-1	089-976-2131	089-976-4188
徳島県	〒770-8072 徳島市八万町中津浦229-1	088-625-2611	088-625-2606
高知県	〒780-0862 高知市鷹匠町2-1-2	088-822-4178	088-822-4143
福岡県	〒818-0105 太宰府市都府楼南5-1-1	092-921-1414	092-921-1523
大分県	〒870-0047 大分市中島西1-8-18	097-534-4896	097-534-6347
佐賀県	〒840-0811 佐賀市大財4-5-6	0952-23-7358	0952-23-7505
長 崎	〒852-8017 長崎市岩見町8-1	095-862-1150	095-862-0054
佐世保	〒857-0027 佐世保市谷郷町12-21	0956-22-6474	0956-22-4758
熊本県	〒860-0032 熊本市万町2-30	096-353-5853	096-354-7050
宮崎県	〒889-2162 宮崎市青島1-8-5	0985-65-2150	0985-55-4930
鹿児島県	〒892-0846 鹿児島市加治屋町2-2	099-224-4088	099-224-4089
沖縄県	〒900-0012 那覇市泊1-11-4	098-867-3531	098-868-8807

●生長の家教化部一覧

教化部名	所　在　地	電話番号	FAX番号
札　幌	〒063-0829　札幌市西区発寒9条12-1-1	011-662-3911	011-662-3912
小　樽	〒047-0033　小樽市富岡2-10-25	0134-34-1717	0134-34-1550
室　蘭	〒050-0082　室蘭市寿町2-15-4	0143-46-3013	0143-43-0496
函　館	〒040-0033　函館市千歳町19-3	0138-22-7171	0138-22-4451
旭　川	〒070-0810　旭川市本町1-2518-1	0166-51-2352	0166-53-1215
空　知	〒073-0031　滝川市栄町4-8-2	0125-24-6282	0125-22-7752
釧　路	〒085-0832　釧路市富士見3-11-24	0154-44-2521	0154-44-2523
北　見	〒099-0878　北見市東相内町584-4	0157-36-0293	0157-36-0295
帯　広	〒080-0802　帯広市東2条南27-1-20	0155-24-7533	0155-24-7544
青森県	〒030-0812　青森市堤町2-6-13	017-734-1680	017-723-4148
秋田県	〒010-0023　秋田市楢山本町2-18	018-834-3255	018-834-3383
岩手県	〒020-0066　盛岡市上田1-14-1	019-654-7381	019-623-3715
山形県	〒990-0021　山形市小白川町5-29-1	023-641-5191	023-641-5148
宮城県	〒981-1105　仙台市太白区西中田5-17-53	022-242-5421	022-242-5429
福島県	〒963-8006　郡山市赤木町11-6	024-922-2767	024-938-3416
茨城県	〒312-0031　ひたちなか市後台字片岡421-2	029-273-2446	029-273-2429
栃木県	〒321-0933　宇都宮市簗瀬町字桶内159-3	028-633-7976	028-633-7999
群馬県	〒370-0801　高崎市上並榎町455-1	027-361-2772	027-363-9267
埼玉県	〒336-0923　さいたま市大字大間木字会ノ谷483-1	048-874-5477	048-874-7441
千葉県	〒260-0032　千葉市中央区登戸3-1-31	043-241-0843	043-246-9327
神奈川県	〒246-0031　横浜市瀬谷区瀬谷3-9-1	045-301-2901	045-303-6695
東京第一	〒112-0012　文京区大塚5-31-12	03-5319-4051	03-5319-4061
東京第二	〒183-0042　府中市武蔵台3-4-1	042-574-0641	042-574-0055
山梨県	〒406-0032　東八代郡石和町四日市場1592-3	055-262-9601	055-262-9605
長野県	〒390-0862　松本市宮渕3-7-35	0263-34-2627	0263-34-2626
長　岡	〒940-0853　長岡市中沢3-364-1	0258-32-8388	0258-32-7674
新　潟	〒951-8133　新潟市川岸町3-17-30	025-231-3161	025-231-3164
富山県	〒930-0103　富山市北代6888-1	076-434-2667	076-434-1943
石川県	〒920-0022　金沢市北安江1-5-12	076-223-5421	076-224-0865
福井県	〒918-8057　福井市加茂河原1-5-10	0776-35-1555	0776-35-4895

●生長の家練成会案内

総本山……長崎県西彼杵郡西彼町喰場郷1567　☎0959-27-1155

＊龍宮住吉本宮練成会……毎月1日～7日（1月を除く）

＊龍宮住吉本宮境内地献労練成会……毎月7日～10日（5月を除く）

本部練成道場……東京都調布市飛田給2-3-1　☎0424-84-1122

＊一般練成会……毎月1日～10日

＊短期練成会……毎月第三週の木～日曜日

＊光明実践練成会……毎月第二週の金～日曜日

＊経営トップセミナー、能力開発セミナー……（問い合わせのこと）

宇治別格本山……京都府宇治市宇治塔の川32　☎0774-21-2151

＊一般練成会……毎月10日～20日

＊神の子を自覚する練成会……毎月月末日～5日

＊伝道実践者養成練成会……毎月20日～22日（11月を除く）

＊能力開発研修会……（問い合わせのこと）

富士河口湖練成道場……山梨県南都留郡河口湖町船津5088　☎0555-72-1207

＊一般練成会……毎月10日～20日

＊短期練成会……毎月月末日～3日

＊能力開発繁栄研修会……（問い合わせのこと）

ゆには練成道場……福岡県太宰府市都府楼南5-1-1　☎092-921-1417

＊一般練成会……毎月13日～20日

＊短期練成会……毎月25日～27日（12月を除く）

松陰練成道場……山口県吉敷郡阿知須町大平山1134　☎0836-65-2195

＊一般練成会……毎月15日～21日

＊伝道実践者養成練成会……（問い合わせのこと）

○奉納金・持参品・日程変更詳細は各道場へお問い合わせください。

○各教区でも練成会が開催されています。詳しくは各教化部にお問い合わせください。

○海外は「北米練成道場」「ハワイ練成道場」「南米練成道場」等があります。

生長の家本部　〒150-8672　東京都渋谷区神宮前1-23-30　☎03-3401-0131　FAX03-3401-3596